AF313593

16 Juin 1910

Marqué P.13

COLLECTION L. D...

M. ANDRÉ COUTURIER

M. GEORGES SORTAIS
MM. CHAINE & SIMONSON

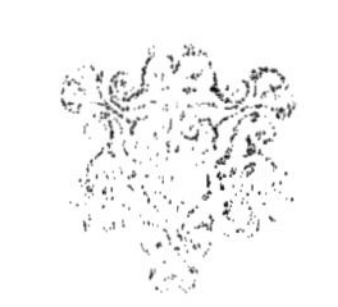

COLLECTION L. D...

CONDITIONS DE LA VENTE

Elle sera faite au comptant.

Les adjudicataires payeront *dix pour cent* en sus des enchères.

Paris. — Imp. Georges Petit, 12, rue Godot-de-Mauroi. — 20720 10

CATALOGUE

DES

TABLEAUX ANCIENS

ET

Panneaux décoratifs du XVIIIe Siècle Français

PAR

BERTIN, CHATELET, GILLOT, LAGRENÉE
LAJOUE, LALLEMAND, LANTARA, LEBRUN (L.-E. VIGÉE), LERICHE
LETHIÈRE, OUDRY, PRÉVOST, ROBERT (H.)
SPAENDONCK (VAN), VERNET (CARLE), WATTEAU (L.), ETC.

ET

TABLEAUX MODERNES

PAR

BONHEUR (R.), BOUDIN, CLAYS
DREUX (DE), HÉREAU, HUET (P.), ISABEY (E.), JONGKIND
MONTICELLI, NOEL (J.), TROYON, ETC.

Appartenant à M. L. D...

ET DONT LA VENTE AURA LIEU

HOTEL DROUOT, Salle N° 1

Le Jeudi 16 Juin 1910, à deux heures

COMMISSAIRE-PRISEUR :

Me ANDRÉ COUTURIER, 56, rue de la Victoire

EXPERTS :

Pour les Tableaux anciens :	*Pour les Tableaux modernes :*
M. GEORGES SORTAIS	**MM. CHAINE & SIMONSON**
11, rue Scribe, 11	19, rue Caumartin, 19

EXPOSITION PUBLIQUE

Le Mercredi 15 Juin 1910, de 1 h. 1/2 à 5 h. 1/2.

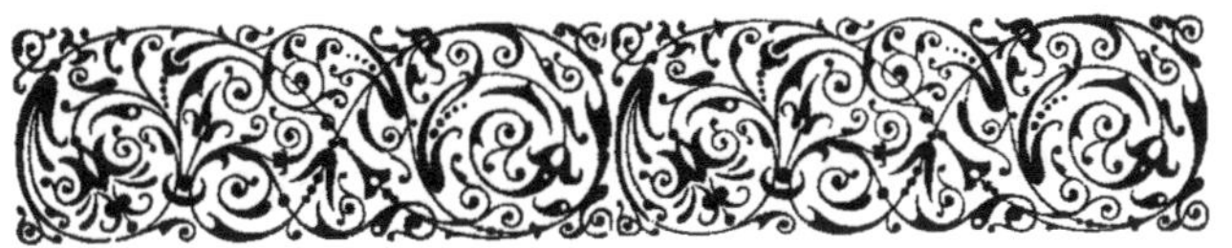

TABLEAUX ANCIENS

BELLANGÉ (Jean-L.-H.)

1 — *Prise d'un village autrichien par l'armée française.*

Toile. Haut., 36 cent.; larg., 52 cent.

BERRÉ

2 — *Cheval blanc, vaches et moutons au pacage près d'un château.*

Toile. Haut., 58 cent.; larg., 75 cent.

BERTIN (J.-V.)

3 — *Le Pont rustique.*

Signé et daté en bas, à gauche : *1812.*

Toile. Haut., 32 cent.; larg., 35 cent.

BERTIN (J.-V.)

4 — *Les Ruines d'un château.*

Toile. Haut., 35 cent.; larg., 24 cent.

BOUCHER (Atelier de François)

5 — *Le Siffleur.*

Au milieu d'un paysage, à l'entrée d'un bois que baigne un cours d'eau, une jeune femme, assise sur un tertre, coiffée d'un chapeau de paille, vêtue d'un corsage de satin cerise et d'une jupe de soie bleue, la poitrine, les bras et les pieds à nu, tient dans ses mains les lacs d'un filet à prendre les oiseaux. Un jeune enfant blond, vêtu de rouge, est à demi couché près d'elle. Un panier, contenant des raisins et des pêches, est renversé à terre. Près d'elle, derrière de vieux troncs d'arbres, un jeune villageois siffle les oiseaux. Dans le fond, une chaumière et des collines escarpées se détachent en colorations tendres sur un ciel bleu.

Panneau décoratif.

Toile. Haut., 1 m. o5 ; larg., 1 mètre.

Cadre Louis XV en bois sculpté et doré.

BOUCHER (D'après)

6 — *Groupe d'amours tenant des fleurs.*

Toile. Haut., 85 cent.; larg., 1 m. 20.

CASTELLI

7 — *Poules, dindon, lapin et fleurs à l'entrée d'un parc.*

8 — *Oiseaux de basse-cour et fleurs au milieu de ruines.*

Deux dessus de porte.

Toiles. Haut., 98 cent.; larg., 1 m. 51.

CERQUOZZI (Michel-Ange)

9 — *Melon d'eau, pêches et raisins.*

Dessus de porte.

Toile. Haut., 46 cent.; larg., 1 m. 31.

CHATELET (C.-L.)

10 — *Les Anciens bains romains du château de Madame.*

Des femmes lavent leur linge, d'autres l'étendent devant une prairie ; deux gentilshommes causent. Les murs de pierre se découpent sur un ciel nuageux.

Toile. Haut., 32 cent.; larg., 49 cent.

DESPORTES (École de)

11 — *Renard au milieu de fleurs et de fruits.*

Toile. Haut., 77 cent.; larg., 1 m. 31.

DUGHERET (École de)

12 — *Site montagneux en Italie.*

Toile. Haut., 58 cent.; larg., 67 cent.

ÉCOLE ANGLAISE (XIXᵉ siècle)

13 — *Portrait de Lord X...*

Toile. Haut., 65 cent.; larg., 45 cent.

ÉCOLE FLAMANDE (XVIIIᵉ siècle)

14 — *Frise d'amours.*

Imitation de bas-relief.
Dessus de porte.

Toile. Haut., 70 cent.; larg., 1 m. 37.

ÉCOLE FRANÇAISE (XVIIIe siècle)

DEUX PENDANTS

15 — *Arachnée.*

16 — *Pénélope.*

Deux dessus de porte.

Toiles Haut.. 92 cent.; larg.. 1 m. 34.

ÉCOLE FRANÇAISE

17 — *Portrait d'une dame de qualité.*

Peinture très restaurée.

Toile. Haut.. 65 cent.; larg., 54 cent.

ÉCOLE ITALIENNE (XVIIIe siècle)

18 — *Un amour enguirlande un buste de fleurs.*

19 — *Un amour prend des grappes de raisins et des guirlandes de fleurs rosées sur une balustrade de pierre.*

Deux dessus de porte.

Toiles. Haut., 90 cent.; larg., 1 m. 19.

FRAGONARD (Attribué à Honoré)

20 — *Léda.*

Une jeune femme couchée sur un lit à baldaquin bleu, dont des amours relèvent les larges plis. tient un cygne par le cou.

Toile. Haut., 40 cent.; larg., 33 cent.

Provient de la seconde vente Walferdin.

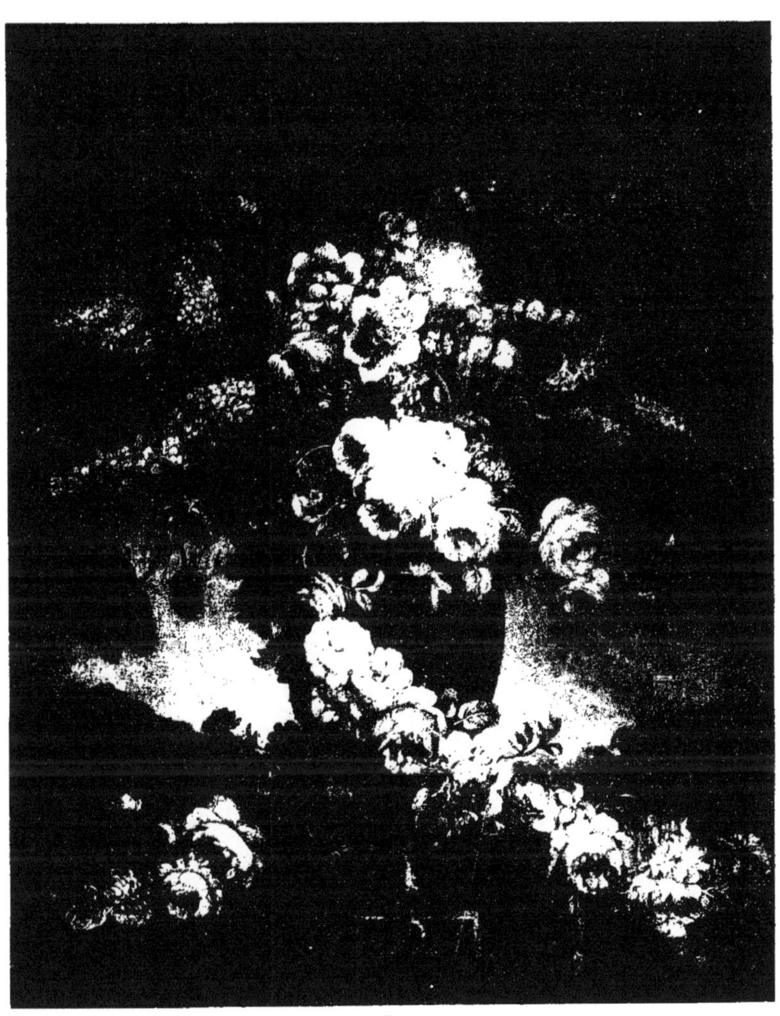

38

GILLEMANS

21 — *Enfant bacchant dans un encadrement de fleurs et de fruits.*

Toile. Haut., 53 cent.; larg., 42 cent.

GILLOT (Claude)

22 — *Récréation champêtre.*

Un jeune couple, sous de grands arbres, danse au son d'une vielle et d'un violon. Des couples assis et debout entretiennent des propos galants.

Toile. Haut., 55 cent.; larg., 40 cent.

HUET (Attribué à J.-B.)

DEUX PENDANTS

23 — *Oiseaux de basse-cour.*

24 — *Oiseaux de marais.*

Toile. Haut., 46 cent.; larg., 64 cent.

LAGRENÉE (Jacques de)

25 — *Le Sommeil d'Endymion.*

Haut., 2 m. 63; larg., 1 m. 56.

LAGRENÉE (Jacques de)

26 — *Flore et Zéphyr.*

Panneau décoratif.

Haut., 2 m. 61; larg., 10 m. 81.

LAJOUE (Jacques de)

PENDANT DU PRÉCÉDENT

27 — *Après la chasse.*

Un chasseur est assis auprès d'un jet d'eau ; à droite, du gibier mort et des fruits sont posés à terre ; plus haut, sur un escalier, des personnages regardent l'eau s'échapper d'une vasque que tient une statue au bas d'un portique à nombreuses colonnes ; au fond, de grands arbres se détachent en silhouette sur un ciel nuageux.

Haut., 1 m. 40; larg., 1 m. o3.

LAJOUE (Jacques de)

28 — *Récréation galante.*

Un jeune galant minaude auprès de deux belles assises sur l'escalier de pierre d'un parc. Derrière, à droite, un couple s'éloigne ; un pont à balustrades est jeté sur un cours d'eau sur lequel un batelier conduit une jeune femme, éclairés tous deux par les rayons d'un soleil couchant. A gauche et à droite, de grands arbres se détachent sur un ciel empourpré.

Haut., 1 m. 40; larg., 1 m. o3.

LAJOUE (École de Jacques de)

29 — *Les Plaisirs de l'été.*

Auprès d'un escalier monumental orné de fontaines, un jeune seigneur s'avance, accompagné de deux dames ; plus loin, sur le palier de repos, un groupe de jeunes hommes et de jeunes femmes s'enlacent à l'ombre de grands arbres.

Toile. Haut., 1 m. o3; larg., 1 m. 35.

Cette toile a été agrandie.

LALLEMAND (Jean-Baptiste)

3o — *Portraits d'un armateur et de sa famille à l'entrée d'un port de la Méditerranée (soleil couchant).*

Toile. Haut., 2 m. 18; larg., 1 m. 29.

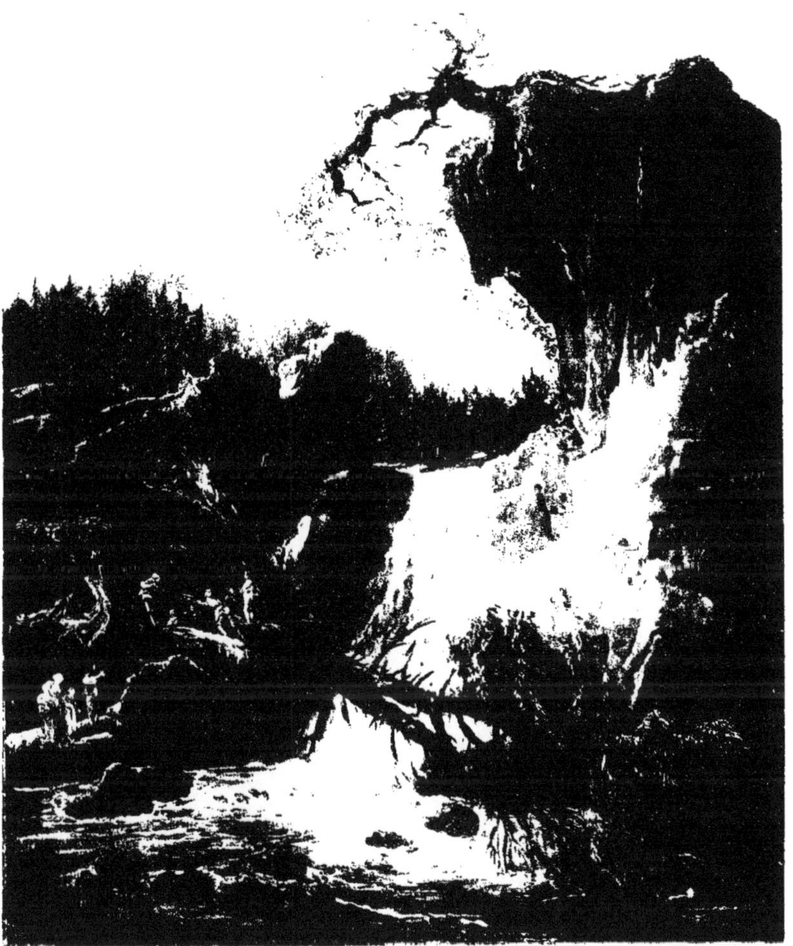

48

LALLEMAND (Jean-Baptiste)

PENDANT DU PRÉCÉDENT

31 — *Entrée d'un port sur les bords de la Méditer-*
ranée (effet de lune).

Toile. Haut., 2 m. 18 ; larg., 1 m. 29.

LAMBRECHTS (C.)

32 — *Scène de marché.*

Toile. Haut., 47 cent.; larg., 57 cent.

LANTARA (Siméon-Mathurin)

33 — *Coucher de soleil sur une rivière.*

Au premier plan, un pâtre garde les moutons couchés au bord d'une rivière, traversée d'un pont aux arches nombreuses éclairées par un soleil couchant.

Toile. Haut., 51 cent.; larg., 65 cent.

LEBRUN (M.-L.-E. Vigée)
et Mme TRIPIER-LEFRANC

34 — *Portrait de Mme Vigée par elle-même.*

Vue de trois quarts, à mi-jambes. Elle est en train de peindre, tenant sa palette de la main gauche, coiffée d'une gaze blanche, vêtue d'une robe rouge décolletée.

La tradition dit que la tête fut peinte par Mme Vigée Lebrun et que les accessoires furent peints par sa fille, Mme Tripier-Lefranc.

Toile. Haut., 1 m. 38 ; larg., 1 m. 04.

LECLERC (des Gobelins)

35 — *Le Repos de Diane.*

Haut., 2 m. 43; larg., 1 m. 39.

LEMOINE (École de)

36 — *Le Triomphe d'Amphytrite.*

Panneau décoratif.

Haut., 2 m. 58; larg., 1 m. 69.

LERICHE

37 — *Fleurs.*

Brûle-parfum en porphyre orné de bronze doré enguirlandé de roses.

Toile. Haut., 48 cent.; larg., 90 cent.

LERICHE

38 — *Vase de fleurs.*

Vase de porphyre enguirlandé de fleurs et d'où s'échappent des roses, lilas, coquelicots et anémones, se détachant sur un ciel bleu.

Toile. Haut., 1 m. o3 ; larg., 83 cent.

LERICHE

PENDANT DU PRÉCÉDENT

39 — *Vase de fleurs.*

Vase de pierre sculpté d'où s'échappent des roses, pivoines et passeroses se détachant sur un paysage.

Toile. Haut., 1 m. o3 ; larg., 83 cent.

LETHIÈRE (Guillaume-Guillon)

40 — *La Tête de Féraud présentée à Boissy d'Anglas, Président de la Convention, lequel se découvre.*

Toile. Haut., 79 cent.; larg., 1 m. o3.

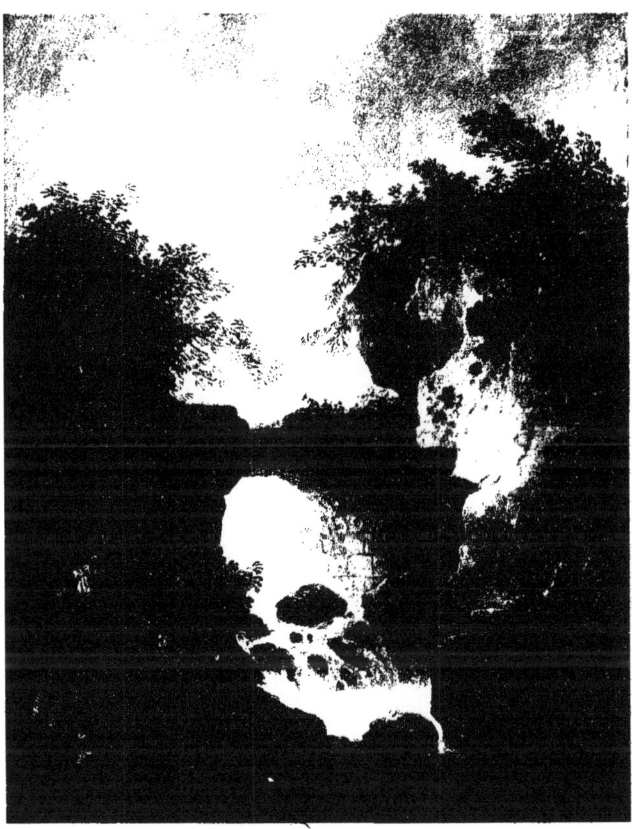

49

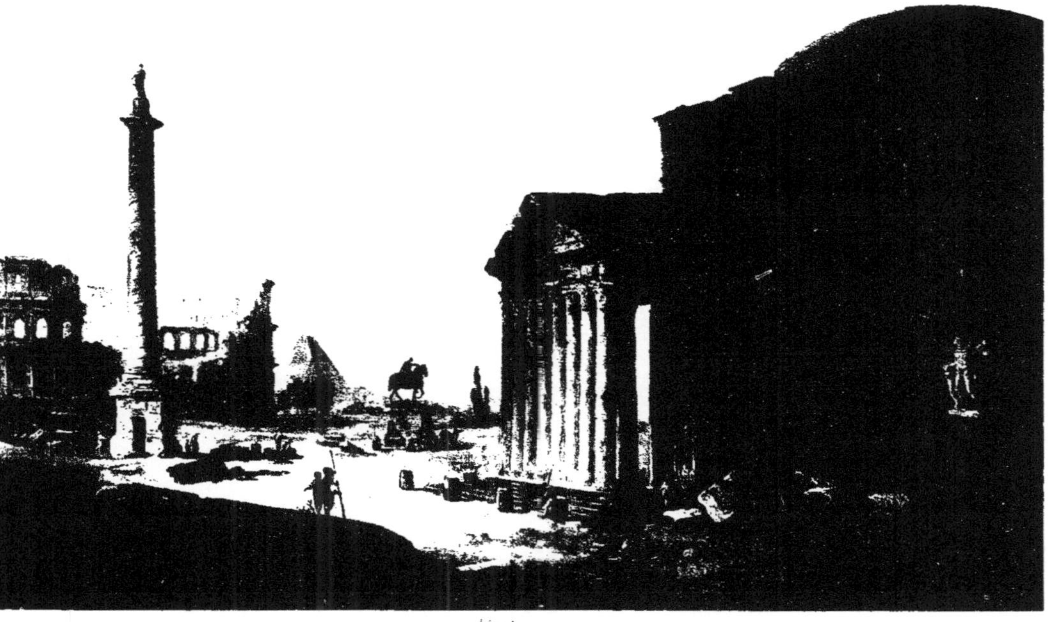

50

LUCATELLI (André)

DEUX PENDANTS

41 — *Le Repos des Vendangeurs.*

42 — *La Cueillette de la vigne.*

Toiles. Haut., 68 cent.; larg., 76 cent.

OUDRY le Fils (Jacques-Ch.)

43 — *Nid de canards sauvages attaqué par une buse.*

Toile. Haut., 62 cent.; larg., 75 cent.

OUDRY (J.-B.)

44 — *La Chasse au canard.*

Sur la rive droite d'une rivière sous bois, un chasseur tire un canard, pendant qu'un chien s'élance dans l'eau.

Toile. Haut., 65 cent.; larg., 81 cent.

PILLEMENT (Attribué à)

45 — *Fleurs et fruits sur un entablement orné d'un vase de pierre et d'une cage supportant un oiseau.*

Dessus de porte.

Toile. Haut., 87 cent.; larg., 1 m. 34.

PRÉVOST (Jean-Louis)

46 — *Corbeille en vannerie d'où s'échappent des roses, des tulipes et des hortensias, le tout reposant sur un entablement de pierre.*

Toile. Haut., 43 cent.; larg., 53 cent.

REGNAULT (École du Baron)

47 — *Amour bandant son arc.*

Dessus de porte.

Toile. Haut., 85 cent.; larg., 1 m. 02.

ROBERT (Hubert)

48 — *Le Torrent.*

Après l'ouragan, des arbres sont abattus par le vent à travers les eaux d'un torrent. Des paysans et leurs femmes sont accourus pour dégager le passage des eaux, qui tombent en cascade au milieu des rochers.

Toile. Haut., 95 cent.; larg., 77 cent.

ROBERT (Hubert)

49 — *Le Petit pont.*

Devant un massif assombri, des personnages debout et assis causent. A droite, des rochers ; au second plan, un pont de pierre jeté sur un torrent se détache sur un ciel nuageux.

Toile. Haut., 60 cent. ; larg., 32 cent.

ROBERT (Hubert)

50 — *Les Monuments de Rome.*

Paysage composé où l'on aperçoit le Colisée, la colonne Trajane et le temple d'Agrippa, au milieu desquels se dresse la statue équestre de Marc-Aurèle. Nuages légers en tous sens. Ciel bleu.

Toile. Haut., 51 cent.; larg., 77 cent.

HUBERT (Hubert)

51 — *Un Château romain en ruines.*

Au milieu d'une colonnade à ciel ouvert, au fond de laquelle on aperçoit une allée d'arbres en perspective, une femme artiste dessine d'après la Vénus pudique. A gauche, le maître arrive, un carton à dessin sous le bras.

Toile. Haut., 67 cent.; larg., 54 cent.

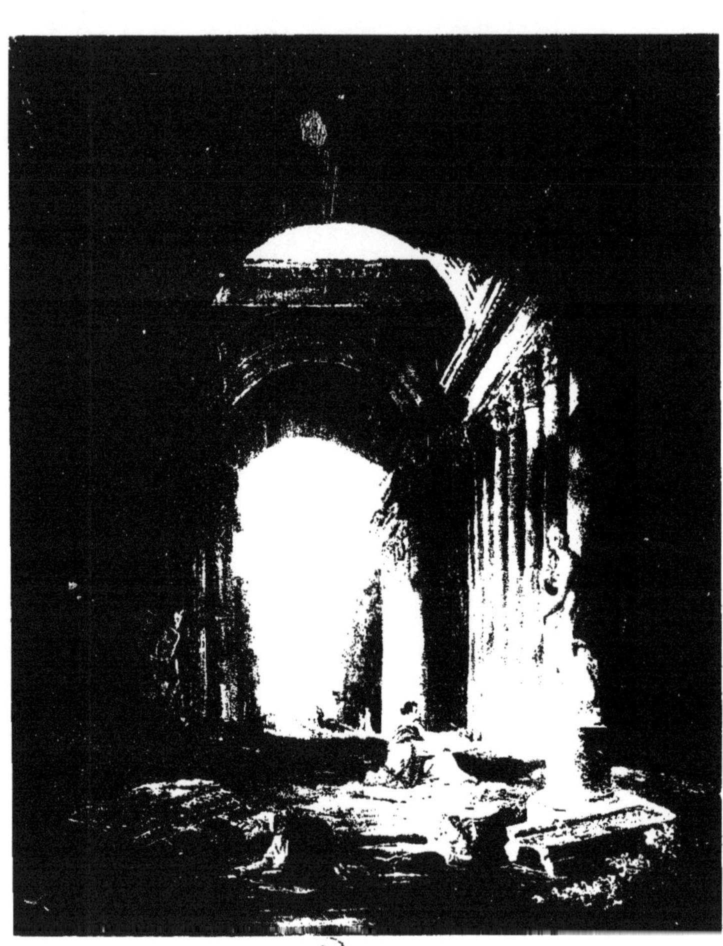

51

SPAENDONCK (Gérard Van)

52 — *Corbeille en vannerie contenant des pêches et des raisins.*

Signé à droite.

Toile. Haut., 47 cent.; larg., 56 cent.

VAN LOO (École de Carle)

53 — *Amours jouant avec des fleurs.*

Dessus de porte

Haut., 74 cent.; larg., 90 cent.

VERNET (Carle)

54 — *Le Cheval d'un mameluk.*

Devant les remparts d'une ville, un mameluk tient son cheval par la bride.

Signé en bas, à droite : *Carle Vernet.*

Toile. Haut., 46 cent.; larg., 82 cent.

VERNET (Attribué à Joseph)

55 — *Batelier aux bords de la Méditerranée par un soleil couchant.*

Toile. Haut., 61 cent.; larg., 99 cent.

Cette peinture a été restaurée.

WATTEAU (Louis-Joseph)

56 — *Kermesse.*

Sous une tente, des gens boivent et mangent ; au premier plan, un cheval blanc est dételé ; d'autres paysans festoient.

Signé en bas, du monogramme.

Toile. Haut., 35 cent.; larg., 51 cent.

WATTEAU (Louis-Joseph)

57 — *La Fête du village.*

A l'entrée d'un village, un dragon accompagne une jeune femme ; plus loin, un charlatan à cheval harangue la foule ; à gauche, un montreur d'ours et de singes fait danser ses animaux au son de la musique.

WITT (Attribué à J. de)

58 — *Enfants jouant avec des oiseaux.*

Dessus de porte.

Toile. Haut., 97 cent.; larg., 1 m. 50.

---

59 — Cadre Louis XIV en bois sculpté et doré, à palmettes et fleurs.

Haut., 87 cent.; larg., 71 cent.

60 — Cadre Louis XIV en bois sculpté et doré.

Haut., 1 m. 47; larg., 1 m. 15.

61 — Cadre Louis XIV.

Haut., 1 m. 40; larg., 1 m. 07.

62 — Cadre Louis XV en bois peint et doré.

Haut., 81 cent.; larg., 66 cent.

63 — Cadre Louis XV en bois sculpté et doré.

Haut., 92 cent.; larg., 75 cent.

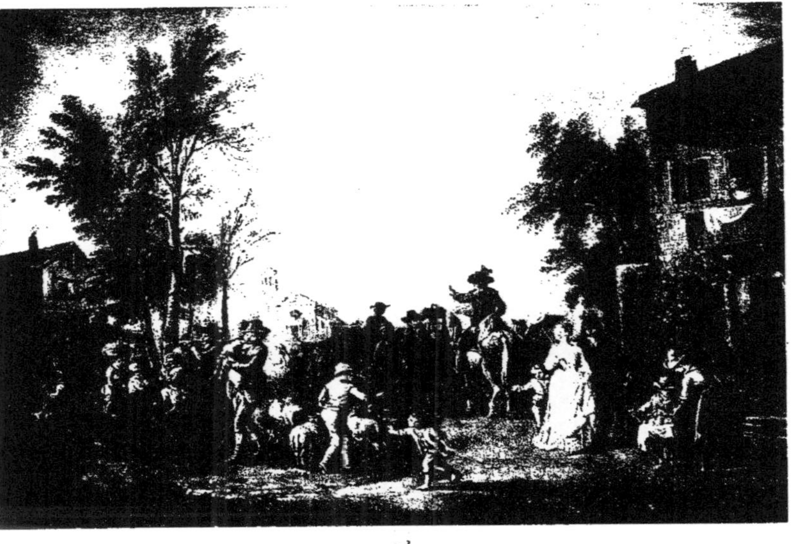

57

2050

TABLEAUX MODERNES

BAKALOWICZ

64 — *Jeune femme en costume du temps de Henri II.*

Signé à gauche.

Bois. Haut.. 56 cent.; larg.. 34 cent.

BONHEUR (Raymond)

65 — *Moutons à l'abreuvoir, le soir.*

Signé à droite, et daté : 1835.

Toile. Haut.. 33 cent.; larg.. 41 cent.

N. B. — Raymond Bonheur est le père de Rosa Bonheur.

BOUDIN (Eugène)

66 — *Rivière en Bretagne.*

A droite, une haute berge boisée : à gauche, une prairie borde la rivière.

Signé à droite, et daté : 71.

Toile. Haut., 37 cent.; larg., 59 cent.

BREST (Fabius)

67 — *Porte de la citadelle de Trébizonde, Asie-Mineure.*

Signé à gauche.

Toile. Haut., 55 cent.; larg., 43 cent.

CALAME (Attribué à A.)

68 — *Le Lac des Quatre-Cantons.*

Toile. Haut., 1 mètre ; larg., 1 m. 30.

CLAYS (P.-J.)

69 — *Goélette louvoyant en vue de Schewening.*

Signé à droite.

Toile. Haut., 66 cent.; larg., 1 m. 05.

COIGNARD (L.)

70 — *Animaux à l'abreuvoir, sous bois.*

Signé à gauche.

Toile. Haut., 85 cent. ; larg., 1 m. 25.

DEFAUX (A.)

71 — *Chasse en forêt.*

Signé à gauche.

Toile. Haut., 95 cent.; larg., 81 cent.

DREUX (A. de)

72 — *Tilbury attelé d'un cheval gris pommelé.*

Signé à droite.

> Toile. Haut., 27 cent.; larg., 34 cent.

DREUX (A. de)

73 — *Portrait de chien blanc.*

Signé à gauche.

> Toile. Haut., 28 cent.; larg., 35 cent.

ÉCOLE BELGE

74 — *Ane, moutons et chèvre.*

> Toile. Haut., 75 cent.; larg., 1 mètre.

FLEURY (L.)

75 — *Paysage au bord de l'eau.*

Signé à droite.

> Toile. Haut., 28 cent.; larg., 39 cent.

FRÈRE (Th.)

76 — *Mosquée du Sultan Bayazid, à Constantinople.*

Signé à gauche.

> Toile. Haut., 37 cent.; larg., 62 cent.

GALLARD-LÉPINAY (G.)

77 — Venise.

Signé à droite.

Toile. Haut., 78 cent.; larg., 1 m. 30.

GALLARD-LÉPINAY (G.)

78 — Le Port d'Antibes.

Signé à gauche.

Toile. Haut., 89 cent.; larg., 1 m. 30.

GUDIN (T.)

79 — Barque échouée à marée basse.

Signé à gauche, et daté : 1830.

Toile. Haut., 46 cent.; larg., 70 cent.

HÉREAU (Jules)

80 — Berger au bord de la mer.

Signé à gauche.

Toile. Haut., 43 cent.; larg., 60 cent.

HUET (Paul)

81 — Paysage d'automne.

Signé à droite.

Bois Haut., 49 cent.; larg., 61 cent.

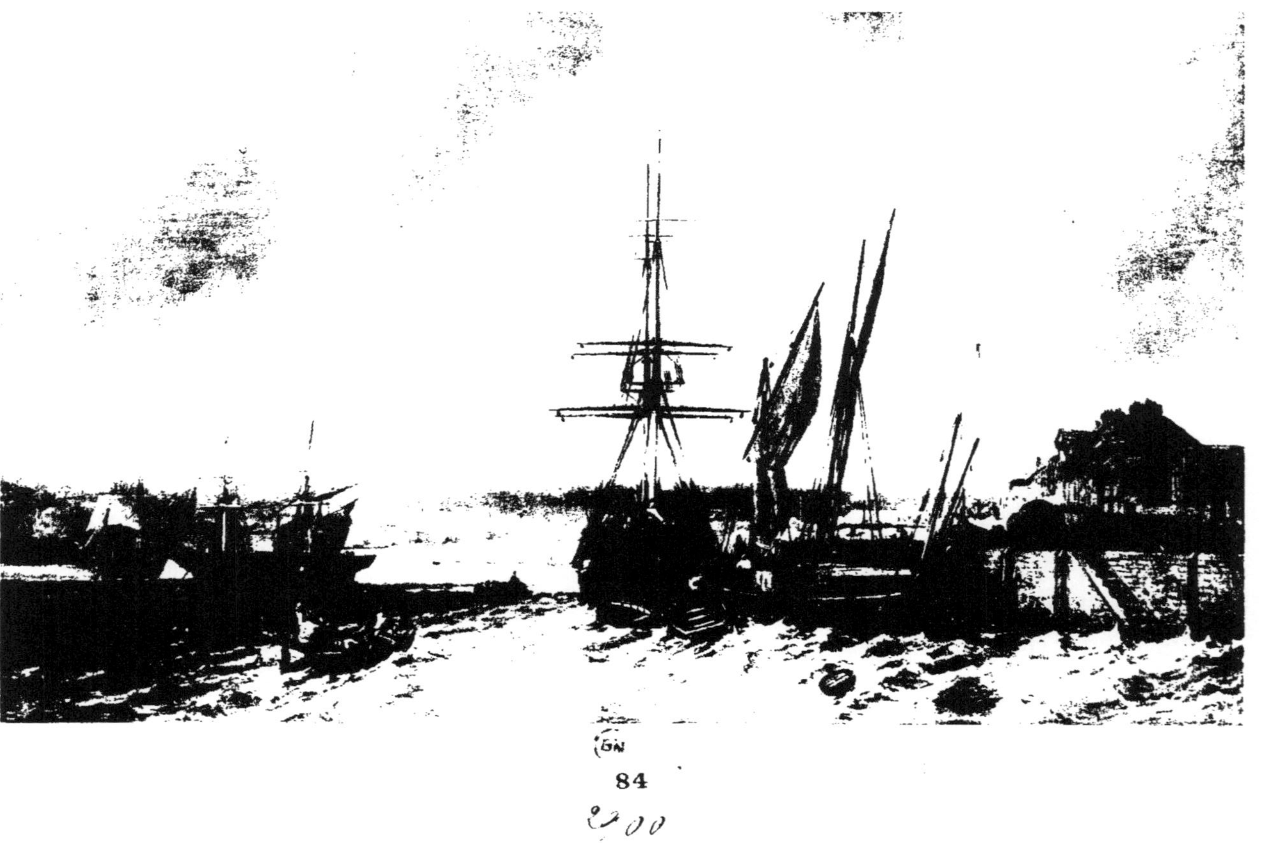

84

HUGUET (V.)

82 — *Kabyle surveillant son cheval à l'abreuvoir
(effet de soleil couchant).*

Signé à droite.

Bois. Haut., 24 cent.; larg., 33 cent.

ISABEY (E.)

83 — *Sur la terrasse.*

Plusieurs enfants dégarnissent un vase de fleurs.
Signé à droite.

Bois. Haut., 22 cent.; larg., 32 cent.

JONGKIND

84 — *Le Vieux port d'Honfleur.*

A droite, une barque de pêche « Le Bon-Pasteur » et une
goélette « Lydie-du-Havre » sont amarrées à quai ; à gauche,
au large, un brick et des embarcations ; dans le fond, la côte
d'Harfleur.

Signé à droite, et daté : *Paris, 1854.*

Toile. Haut., 79 cent.; larg., 1 m. 29.

KUWASSEG (C.)

85 — *Village au bord d'une rivière en Piémont.*

Signé à droite.

Bois. Haut., 35 cent.; larg., 26 cent.

LE POITEVIN (E.)

86 — *Marine ; temps calme.*

Signé à gauche, sur la barque.

Toile. Haut., 29 cent.; larg., 40 cent.

LONGUET

87 — *Vénus et l'amour.*

Signé en bas, au centre.

Bois. Haut., 34 cent.; larg., 31 cent.

LONGUET

88 — *La Promenade sous bois.*

Signé à gauche.

Toile. Haut., 47 cent.; larg., 33 cent.

MONGINOT

89 — *Nature morte.*

Plat en cuivre, huîtres, crevettes, citrons, etc.
Signé à droite.

Toile. Haut., 74 cent.; larg., 60 cent.

MONTICELLI

90 — *Dans un parc, au milieu d'un groupe de dames,
une jeune mère montre son bébé.*

Bois. Haut., 45 cent.; larg., 36 cent.

MORRIS (H.)

91 — *Granville.*

Salon de 1868.
Signé à droite.

Toile. Haut., 79 cent.; larg., 1 m. 30.

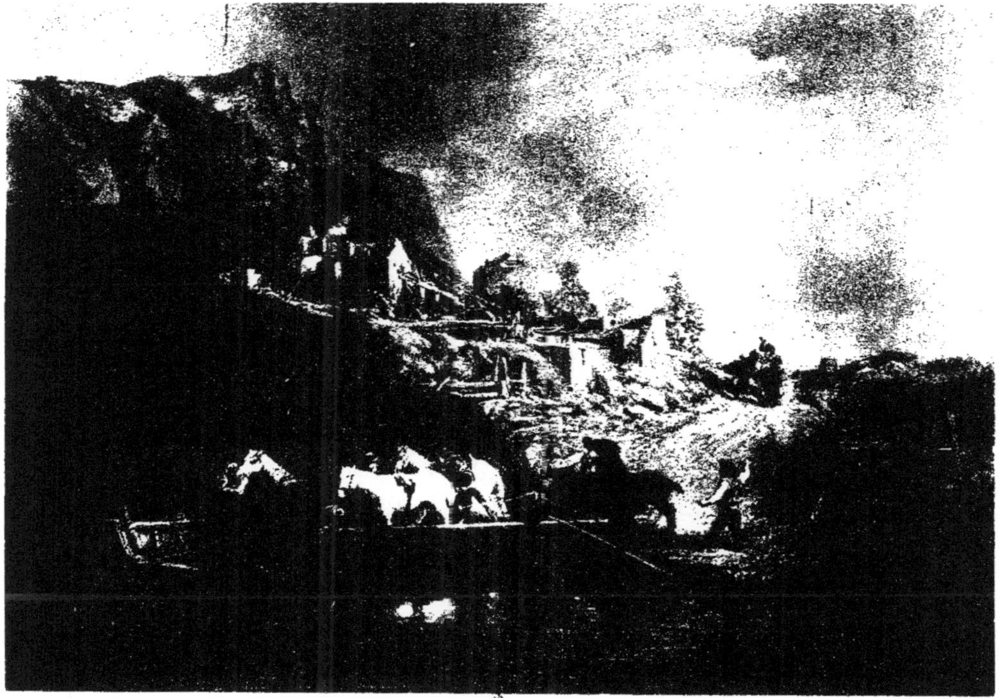

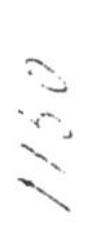

MULLER (L.)

92 — *La Moissonneuse.*

Signé à gauche, dans la draperie.

Toile. Haut., 82 cent.; larg., 65 cent.

NOEL (Jules)

93 — *Embarquement de chevaux sur un bac.*

Signé à gauche, et daté : *1857*.

Toile. Haut., 49 cent. ; larg., 66 cent.

OUVRIÉ (Justin)

94 — *Village au bord du Danube.*

Signé à droite.

Toile. Haut., 52 cent.; larg., 71 cent.

ROSIER (A.)

95 — *Vue de Constantinople, le soir.*

Signé à droite.

Toile. Haut., 37 cent.; larg., 59 cent.

TROYON (C.)

96 — *Ruisseau sous bois.*

A droite, deux vaches, conduites par un gamin, s'abreuvent; au centre, une paysanne et son enfant, les jambes nues, traversent le ruisseau. A gauche, au deuxième plan, des laveuses. Effet de soleil couchant.

Sans signature.

Toile. Haut., 75 cent.; larg., 61 cent.

(Toile primitivement de forme ovale et mise au carré. Rentoilée.)

WATELET

97 — *L'Écluse.*

Signé à gauche.

Toile. Haut., 65 cent.; larg., 81 cent.

WAUTERMARTENS (E.)

98 — *Le Berger et son troupeau (effet du soir).*

Signé à droite.

Toile. Haut., 72 cent.; larg., 1 m. 04.

YON (Edmond)

99 — *Laveuses au bord de la Marne.*

Signé à droite.

Toile. Haut., 45 cent.; larg., 74 cent.